Pferdeabenteuer in Silben

Leichte Lesegeschichten für Kinder ab 6 -
Der perfekte Lesespaß für die 1. Klasse

Inhalt

Das tapfere Pony Lilli 6

Eine Geschichte über Freundschaft und Mut 6

Im Galopp zum Abenteuer 10

_Ein Ausflug in die Natur mit Max und seinem Pferd
Stern_ 10

Der geheimnisvolle Pferdehof 15

Entdecke das Rätsel der alten Mühle 15

Ein neues Zuhause für Bella 21

Wie ein Pferd sein Glück fand 21

Der große Reitwettbewerb** 26

Ein spannender Wettkampf für Anna und ihr Pferd Blitz
.... 26

Pferdefreundschaft in Gefahr 32

Wenn Streit das Glück trübt 32

Die mutige kleine Stute 39

Ein aufregender Tag im Pferdestall 39

Die Geburtstagsparty im Pferdestall 45

Ein besonderes Fest für alle Freunde 45

Abschied und Wiedersehen 51

_Eine Geschichte über Veränderung und
Zusammenhalt_ 51

Willkommen in der Welt der Pferde

Lie-be Kin-der,

heut ler-nen wir et-was Be-son-de-res! Wir wer-den Ge-schich-ten über wun-der-schö-ne Pfer-de le-sen. Aber nicht ir-gend-wie, son-dern mit Hil-fe von **Sil-ben**.

Sil-ben hel-fen euch, je-des Wort ganz ein-fach zu le-sen. Schau, so geht es:

Pfer-de.

Das Wort ha-ben wir in zwei Tei-le ge-trennt: **Pfer** und **de**. Je-de Sil-be wird ge-spro-chen, wie sie ge-schrie-ben steht.

Ein paar Bei-spie-le:

- Hof (1 Sil-be)

- Wei-de (2 Sil-ben: **Wei**-de)

- Po-ny (2 Sil-ben: **Po**-ny)

- Rei-ter (2 Sil-ben: **Rei**-ter)

- Ga-lopp (2 Sil-ben: **Ga**-lopp)

Wenn wir die Sil-ben ganz deut-lich le-sen, wird das Le-sen viel leich-ter. Jetzt seid ihr dran! Lasst uns zu-sam-men die Ge-schich-ten le-sen und Spaß da-bei ha-ben.

Viel Spaß in der Welt der Pfer-de!

Das tapfere Pony Lilli

Eine Geschichte über Freundschaft und Mut

Lil-li war ein klei-nes, freu-di-ges Po-ny, das auf ei-nem gro-ßen Hof leb-te. Je-den Tag galop-pier-te sie fröh-lich über die wei-te Wie-se und lieb-te es, mit den an-de-ren Pfer-den zu spie-len.

Doch et-was war an-ders an Lil-li. Sie war klei-ner als die an-de-ren Pfer-de. Oft frag-te sie sich: **"Bin ich stark ge-nug, um gro-ße Aben-teu-er zu be-ste-hen?"**

Ei-nes Ta-ges kam ein Mäd-chen na-mens Ma-ri-a auf den Hof. Sie such-te ein Po-ny, mit dem sie rei-ten ler-nen konn-te. Als sie Lil-li sah, leuch-te-ten ih-re Au-gen. "Das ist mein Po-ny!", rief sie.

Lil-li war zu-frie-den, aber ein we-nig ner-vös. **"Bin ich mutig ge-nug für die-se Auf-ga-be?"**, dach-te sie.

Am nächs-ten Mor-gen mach-ten sich
Ma-ri-a und Lil-li auf den Weg in den
Wald. Die Bäu-me war-en hoch, und
über-all hör-te man das Rau-schen der
Blät-ter. Doch plötz-lich gab es ein lau-
tes Geräusch!

Kna-ck!"

Ein Ast war vom Baum ge-fal-len, und
Lil-li sprang zu-rück.

Ma-ri-a hat-te Angst und hielt sich fest
an Lil-lis Mäh-ne. Doch da spür-te Lil-li
ei-ne star-ke Ver-bind-ung. **"Ich darf
mei-ne Freun-din nicht im Stich las-
sen"**, dach-te sie. Sie nahm al-len Mut
zu-sam-men, mach-te ei-nen Schritt
nach vorn und ging mutig wei-ter.

Ma-ri-a klatsch-te be-geis-tert in die
Hän-de. **"Du bist das tap-fer-ste Po-ny
der Welt!"**, rief sie glück-lich.

Lil-li fühl-te sich nun stark und tap-fer.
Sie wuss-te: **Es kommt nicht dar-auf
an, wie groß man ist, son-dern wie groß
das Herz ist!**

An die-sem Tag lern-ten Ma-ri-a und Lil-
li, dass wah-re Freund-schaft und Mut
al-les mög-lich ma-chen kön-nen. Und
Lil-li wuss-te jetzt: Sie war nicht nur ein
klei-nes Po-ny, son-dern ein rich-tig gro-
ßer Held in ih-rem Her-zen.

En-de

Im Galopp zum Abenteuer

Ein Ausflug in die Natur mit Max und seinem Pferd Stern

Max lieb-te sein Pferd Stern über al-les. Stern war ein statt-li-ches, schwar-zes Pferd mit ei-nem strah-len-den Fell, das in der Son-ne glitz-er-te wie der Nacht-him-mel. Je-den Frei-tag, nach der Schu-le, ging Max mit Stern auf ei-nen Aus-flug. Doch heu-te soll-te es ein ganz be-son-de-rer Tag wer-den.

"Heu-te rei-ten wir weit hin-aus in die Na-tur!"**, sag-te Max auf-ge-regt. Wir su-chen ein rich-tig gro-ßes Aben-teu-er!

Stern schnaub-te freu-dig, als wür-de er die Wor-te ver-ste-hen. Max stieg auf, und mit ei-nem sanf-ten **"Los!"** galop-pier-te Stern da-von.

Sie rit-ten über Fel-der und Wie-sen, durch klei-ne Wäl-der und an ei-nem ru-hig plät-scher-nden Bach vor-bei. Die Luft war frisch und klar, und über-ih-nen sang-en die Vö-gel. Das ist der schöns-te Tag!"**, dach-te Max.

Doch plötz-lich ent-deck-te Max et-was Un-ge-wöhn-li-ches. Am Rand des Wal-des stand ei-ne al-te, ver-las-se-ne Hüt-te. Das Dach war ein-ge-stürzt, und die Fens-ter wa-ren zer-bro-chen. **"Stern, das müs-sen wir uns an-schauen!"**, flüs-ter-te Max.

Lang-sam ging-en sie auf die Hüt-te zu. Max stieg ab und öff-ne-te vor-sich-tig die al-te Holz-tür. Drin-nen war es dun-kel und kühl, aber an der Wand ent-deck-te Max ei-ne ver-stau-bte Kar-te. Sie sah aus wie ei-ne Schatz-kar-te!

Schau mal, Stern! Viel-leicht führt uns die-se Kar-te zu ei-nem ver-steck-ten Schatz!"**

Max klemm-te sich die Kar-te un-ter den Arm und sprang wie-der auf Sterns Rü-cken. **"Los, Stern, auf zu ei-nem neu-en Aben-teu-er!"** Sie folg-ten dem Weg, den die Kar-te zeig-te.

Der Weg führ-te sie tie-fer in den Wald hin-ein, vor-bei an ei-nem rie-si-gen Fels und über ei-ne klei-ne Brü-cke. Max spür-te das Krib-beln der Auf-re-gung. **"Was wer-den wir fin-den?"**, frag-te er sich.

Nach ei-ner Wei-le ka-men sie an ei-ne klei-ne, ver-steck-te Licht-ung. Mit-ten auf der Licht-ung, un-ter ei-nem gro-ßen Baum, lag et-was Schim-mern-des. Max sprang ab und lief hin-über. **"Ein klei-ner Schatz!"**, rief er glück-lich. Es war ei-ne klei-ne Kis-te, voll mit gol-de-nen Mün-zen und glän-zen-den Stei-nen.

Max lä-chel-te und strich Stern durch die Mäh-ne. **"Du bist das bes-te Aben-teu-er-pferd der Welt!"**, sag-te er. Stern schnaub-te, als ob er zu-stimm-te.

Mit dem Schatz in der Hand und ei-nem Herz vol-ler Glück mach-ten sich Max und Stern auf den Heim-weg. Sie wuss-ten, dass sie noch vie-le Aben-teu-er ge-mein-sam er-le-ben wür-den.

Und Max dach-te bei sich: **"Manch-mal fin-det man das größ-te Aben-teu-er, wenn man ein-fach nur los-rei-tet."**

En-de

Der geheimnisvolle Pferdehof

Entdecke das Rätsel der alten Mühle

Auf einem kleinen Hügel, am Rand des Dorfes, lag der Hof von Herrn Bauer. Es war ein friedlicher Ort, umgeben von weiten Feldern und einem dichten Wald. Doch mitten auf dem Hof stand eine alte, verfallene Mühle, die schon seit Jahren nicht mehr benutzt wurde. Die Kinder im Dorf nannten sie nur die **"Geheimnis-Mühle"**, denn niemand wusste, was sich dort wirklich verbarg.

An einem sonnigen Nachmittag ritten die Freunde **Lea** und **Tom** mit ihren Pferden am Hof vorbei. Lea ritt auf ihrer weißen Stute **Luna**, und Tom saß auf seinem treuen Wallach **Bruno**. Sie liebten es, zusammen auszureiten und neue Orte zu entdecken. Doch an diesem Tag schien etwas anders zu sein.

Schau mal, Tom! Die Tür der alten Mühle steht offen!"**, rief Lea aufgeregt. Tom hielt an und blickte zur Mühle hinüber. Tatsächlich, die schwere Holztür, die sonst immer verschlossen war, schwang leicht im Wind hin und her.

Das ist seltsam", sagte Tom nachdenklich. **"Sollen wir uns das mal ansehen?

Mit klopfenden Herzen ritten sie langsam zur Mühle. Die alten Mauern waren von Moos bedeckt, und die großen Holzräder der Mühle standen still. Als sie näherkamen, stieg Lea ab und ging vorsichtig zur Tür.

flüsterte Tom nervös. Aber Lea schüttelte den Kopf. **"Ich glaube, wir müssen mutig sein, so wie die Entdecker in den Geschichten."**

Vorsichtig schob sie die Tür ein Stück weiter auf, und ein kalter Luftzug wehte ihnen entgegen. Drinnen war es dunkel, nur ein kleiner Lichtstrahl drang durch ein zerbrochenes Fenster. Plötzlich hörten sie ein leises Geräusch – ein Knistern, wie von alten Papieren.

"Was war das?", fragte Tom und trat näher. Sie folgten dem Geräusch und fanden in einer Ecke der Mühle eine alte, verstaubte Truhe. Auf der Truhe lag ein zusammengerolltes Pergament, das aussah wie eine uralte Karte.

"Eine Schatzkarte!", rief Lea aufgeregt. Tom zog die Karte vorsichtig auf und betrachtete die verblassten Linien. Auf der Karte war der Hof eingezeichnet, aber es gab auch eine Markierung an einem geheimen Ort im Wald.

Vielleicht ist es ein altes Versteck" sagte Tom, seine Augen funkelten vor Abenteuerlust. **"Wir müssen der Karte folgen!"**

Sie stiegen schnell wieder auf ihre Pferde und machten sich auf den Weg in den Wald. Die Karte führte sie tiefer hinein, vorbei an hohen Bäumen und versteckten

Pfaden. Luna und Bruno schritten vorsichtig voran, als ob sie den Weg genau kannten.

Nach einer Weile kamen sie zu einer Lichtung, auf der ein großer, alter Baum stand. Unter dem Baum lag etwas Vergrabenes. Lea und Tom stiegen ab und begannen, mit ihren Händen die Erde beiseite zu schieben.

Plötzlich stießen sie auf etwas Hartes – eine kleine Holzkiste, die tief im Boden versteckt war. Vorsichtig öffneten sie die Kiste und entdeckten darin ein altes Buch und einen seltsamen Schlüssel.

Das ist das Tagebuch von Herrn Bauer!"**, rief Tom. **"Er hat es hier vor vielen Jahren versteckt!"**

Lea nahm den Schlüssel in die Hand. **"Aber wofür ist dieser Schlüssel?"**, fragte sie. Da fiel ihr Blick zurück zur alten Mühle.

"Vielleicht öffnet er die Tür zu einem Geheimnis, das noch niemand kennt", sagte sie leise.

Mit Herzklopfen beschlossen sie, das Rätsel weiter zu verfolgen und das Geheimnis der alten Mühle zu lösen. Doch das war eine Geschichte für einen anderen Tag...

En-de

Ein neues Zuhause für Bella

Wie ein Pferd sein Glück fand

Bel-la war ein klei-nes, schüch-ter-nes Pferd. Sie leb-te auf ei-nem gro-ßen Pfer-de-hof mit vie-len an-de-ren Pfer-den, aber ir-gend-wie fühl-te sie sich nie wirk-lich da-zu-ge-hö-rig. Oft stand sie al-lein in ih-rem Stall und träum-te da-von, ei-ne bes-se-re Freun-din zu fin-den.

War-um kann ich nicht auch glück-lich sein?", dach-te sie oft.

Ei-nes Ta-ges ka-men zwei Men-schen auf den Hof. Es war ein Mäd-chen na-mens **Sa-ra** mit ih-rem Pa-pa. Sie schau-ten sich al-le Pfer-de ge-nau an, aber kei-nes schien rich-tig zu pas-sen. Als Sa-ra bei Bel-la vor-bei-kam, blieb sie plötz-lich ste-hen.

Schau mal, Pa-pa!"**, rief sie. **"Die-ses Pferd ist so süß!"**

Bel-la hob den Kopf und blick-te Sa-ra schüch-tern an. **"Viel-leicht mag sie mich?"**, dach-te Bel-la hoff-nungs-voll.

Sa-ra ging lang-sam zu Bel-la hin und streich-el-te ihr lie-be-voll über die Schnau-ze. **"Sie ist per-fekt!"**, sag-te Sa-ra lä-chelnd. **"Kann sie mit uns nach Hau-se kom-men?"**

Be-vor Bel-la es ver-stand, war sie schon auf dem Weg in ein neu-es Zu-hau-se. Sie war auf-ge-regt, aber auch ein biss-chen ner-vös. **"Wird es mir dort ge-fal-len?"**, frag-te sie sich.

Als sie auf dem neu-en Hof an-kam, war al-les an-ders. Es gab wei-te Wie-sen, vie-le Bäu-me und ei-nen schö-nen, gro-ßen Stall nur für sie al-lein. Sa-ra brach-te ihr fri-sches Heu und küm-mer-te sich je-den Tag lie-be-voll um sie. Bel-la fühl-te sich je-den Tag ein biss-chen woh-ler.

Ei-nes Nach-mit-tags nahm Sa-ra Bel-la mit auf ei-nen Aus-ritt. Sie rit-ten über die grü-nen Fel-der und durch klei-ne Wäl-der. Der Wind weht-e sanft durch Bel-las Mäh-ne, und sie spür-te zum ers-ten Mal seit lan-ger Zeit, wie glück-lich sie war. **"Das ist mein neu-es Zu-hau-se",** dach-te sie fröh-lich.

Plötz-lich be-merk-te Bel-la et-was im Gras. Ein klei-nes Foh-len hat-te sich ver-lau-fen und wuss-te nicht mehr, wo es hin-ge-hen soll-te. Es sah trau-rig und ver-zwei-felt aus.

"Ich muss ihm hel-fen!"**, dach-te Bel-la und ging lang-sam auf das Foh-len zu. Mit ei-nem lie-ben Wie-hern lock-te sie es zu sich. Sa-ra lach-te und sag-te: **"Du bist so lieb, Bel-la! Du hast ei-nen neu-en Freund ge-fun-den!"**

Das Foh-len folg-te Bel-la und Sa-ra zu-rück auf den Hof. Dort be-dank-te sich

der Bau-er, dem das Foh-len ge-hör-te,
ganz herz-lich. **"Du bist ein wirk-lich
be-son-de-res Pferd, Bel-la"**, sag-te Sa-
ra stolz.

Von die-sem Tag an wuss-te Bel-la, dass
sie end-lich ihr Glück ge-fun-den hat-te.
Sie war nicht nur ein Pferd – sie war ein
Teil ei-ner lie-ben-den Fa-mi-lie, und das
mach-te sie über-glück-lich.

**"Jetzt ha-be ich wirk-lich ein Zu-hau-
se",** dach-te Bel-la lä-chelnd, als sie
sich zu-rück in ih-ren Stall leg-te.

En-de

Der große Reitwettbewerb**

Ein spannender Wettkampf für Anna und ihr Pferd Blitz

An-na war über-glück-lich. Heu-te war der Tag des gro-ßen **Reit-wett-be-werbs**, auf den sie und ihr Pferd **Blitz** so lan-ge ge-war-tet hat-ten. Blitz war ein schnel-les, schwarz-es Pferd, das sei-nen Na-men wirk-lich ver-dien-te. Wenn er galop-pier-te, sah es aus, als wür-de er durch die Lüf-te flie-gen.

"Wir wer-den das schaf-fen, Blitz!", rief An-na fröh-lich, wäh-rend sie Blitz das glän-zen-de Sat-tel-zeug an-leg-te. Blitz schnaub-te auf-ge-regt und stampf-te mit den Huf-en. Es war, als wüss-te er ge-nau, dass dies ein be-son-de-rer Tag wer-den wür-de.

Der Wett-be-werb fand auf ei-ner gro-
ßen Wie-se statt. Vie-le Rei-ter und Pfer-
de hat-ten sich be-reits ver-sam-melt.
An-na fühl-te sich ein we-nig ner-vös,
als sie die an-de-ren sah, aber Blitz blieb
ru-hig und kon-zent-riert. **"Wir sind ein
Team, das schafft uns nie-mand!"**, flüs-
ter-te sie Blitz zu und lä-chel-te.

Die ers-te Prü-fung war ein **Hind-ern-
is-spring-en**. Die Hür-den wa-ren hoch,
und die Pfer-de muss-ten stark und
schnell sein, um dar-über zu sprin-gen.
An-na saß fest im Sat-tel und gab Blitz
das Zei-chen, los-zulau-fen. Blitz schoss
vor-wärts, und mit ei-nem ge-wal-ti-
gen Sprung flog-en sie über das ers-te
Hind-ern-is.

Ei-ne Hür-de nach der an-de-ren nah-
men sie mit Leich-tig-keit. Das Pu-bli-
kum ju-bel-te, als sie die letz-te Hür-de
über-spran-gen und blitz-schnell die Zi-
el-lin-ie über-quert-en. **"Gut ge-macht,

Blitz!"**, rief An-na stolz. **"Das war per-
fekt!"**

Doch der Wett-be-werb war noch nicht zu En-de. Die nächs-te Prü-fung war das **Ge-län-de-rei-ten**. Die Rei-ter muss-ten durch Wäl-der, über Fel-der und so-gar durch ein klei-nes Bäch-lein rei-ten. Es war ein ech-ter Aben-teu-er-par-cours!

Blitz und An-na lie-ben das Ge-län-de-rei-ten. **"Das ist un-se-re Stär-ke",** sag-te An-na zu Blitz, als sie den Start passier-ten. Sie galop-pier-ten durch den Wald, die Äs-te raschel-ten über ih-nen, und das Laub knis-ter-te un-ter Blitz' schnel-len Huf-en.

Plötz-lich sah An-na ei-ne klei-ne Her-aus-ford-er-ung: ei-ne en-ge Brü-cke über ei-nen Bach. Blitz zö-ger-te kurz, aber An-na klopf-te ihm sanft auf den Hals. **"Wir schaf-fen das zu-sam-men",** flüs-ter-te sie. Mit ei-nem mu-ti-gen Sprung sprang Blitz über die Brü-cke und sie mach-ten sich wei-ter auf den Weg.

Nach dem Ge-län-de-reit-en kam die letz-te und span-nends-te Prü-fung: das **Renn-en um die Wette**. Al-le Rei-ter stan-den an der Start-li-nie, und der Rich-ter gab das Zei-chen. Blitz schoss los wie ein Pfeil, und An-na lehn-te sich vor, um ihm noch mehr Ge-schwin-dig-keit zu ge-ben. Der Wind pfiff ih-nen um die Oh-ren, und An-na spür-te, wie Blitz al-les gab.

Es war ein har-ter Wett-kampf, und die an-de-ren Pfer-de wa-ren dicht hin-ter ih-nen. Aber Blitz war der schnells-te von al-len. Mit ei-nem letz-ten Kraft-sprung stürm-ten sie über die Zi-el-lin-ie.

Das Pu-bli-kum jubel-te laut. **"Wir ha-ben ge-won-nen!"**, rief An-na, wäh-rend sie Blitz fest um-arm-te. Blitz schnaub-te stolz, und es war, als wür-de er lä-cheln.

Bei der Preis-ver-leih-ung be-kam An-na ei-ne gol-de-ne Medail-le und Blitz ei-nen schö-nen Kranz aus Blu-men. **"Du bist der bes-te, Blitz",** flüs-ter-te An-na ihm ins Ohr. **"Oh-ne dich hät-te ich das nie ge-schafft."**

Blitz stieß sanft mit der Schnau-ze ge-gen An-nas Schul-ter, als ob er sa-gen woll-te: **"Wir sind ein Team, An-na. Ge-mein-sam kön-nen wir al-les schaf-fen."**

An die-sem Tag wuss-te An-na, dass sie mit Blitz nicht nur ei-nen Sieg ge-won-nen hat-te, son-dern ei-ne Freund-schaft, die nie zer-bre-chen wür-de.

Pferdefreundschaft in Gefahr

Wenn Streit das Glück trübt

An-na und **Lea** wa-ren die bes-ten
Freun-din-nen. Seit sie den Reit-hof be-
such-ten, mach-ten sie al-les zu-sam-
men. **An-na** hat-te ihr schwar-zes
Pferd **Blitz**, und **Lea** rit-t auf der
stol-zen, wei-ßen **Luna**. Ge-mein-sam
rit-ten sie durch Wäl-der, über Fel-der
und teil-ten je-de Men-ge Aben-teu-er.

Doch ei-nes Ta-ges pas-sier-te et-was,
das ih-re Freund-schaft auf ei-ne har-te
Pro-be stell-te. Auf dem Reit-hof soll-te
ein **gro-ßes Rei-ter-ren-nen** statt-
fin-den. Al-le Kin-der woll-ten mit-ma-
chen, aber nur ei-ne konn-te ge-win-
nen.

An-na und Lea sa-hen sich an. Bei-de woll-ten das Ren-nen ge-win-nen, aber kei-ne von ih-nen woll-te die an-de-re ver-letz-ten. **"Es kann doch nur ei-ne ge-win-nen",** sag-te Lea. **"Viel-leicht soll-ten wir gar nicht erst mit-ma-chen."**

Doch An-na schüt-tel-te den Kopf. **"Aber wir kön-nen doch trotz-dem teil-neh-men! Wer auch ge-winnt, wir blei-ben Freun-din-nen, oder?"**

Lea nick-te zö-ger-lich. **"Na-tür-lich, Freun-de für im-mer",** sag-te sie lä-chelnd, doch in ih-rem Her-zen war sie sich nicht mehr ganz si-cher.

Als der Tag des Wett-be-werbs kam, war die Span-nung groß. Al-le Pfer-de stan-den be-reit, und die Kin-der wa-ren auf-ge-regt. Blitz schar-rte mit den Huf-en und war be-reit los-zu-sprin-gen, wäh-rend Luna ru-hig und kon-zen-triert stand.

Als das Star-si-gnal er-klang, stürm-ten al-le los. Blitz war schnell und stark, und An-na fühl-te den Wind in ih-ren Haa-ren. Doch Luna war ge-nauso flink, und Lea lag dicht hin-ter An-na.

Plötz-lich passier-te es. Blitz sprang über ein Hind-ern-is, doch er kam ins Strau-cheln. An-na hielt sich fest, wäh-rend Blitz kämpf-te, um nicht zu stür-zen. Lea nutz-te die Chan-ce und zog mit Luna an ih-nen vor-bei.

Nach dem Ren-nen stie-gen bei-de Mäd-chen von ih-ren Pfer-den ab. Lea hat-te das Ren-nen ge-won-nen, aber statt sich zu freu-en, fühl-te sie sich un-wohl. **"Viel-leicht hät-te ich An-na war-ten sol-len",** dach-te sie. Doch An-na schau-te lei-se, mit Trä-nen in den Au-gen.

"Das war nicht fair!", rief An-na wü-tend. **"Du hast mich ein-fach über-holt, als Blitz ge-strau-chelt ist!"**

Lea ver-such-te, sich zu ver-tei-di-gen. **"Aber das war ein Wett-be-werb, An-na. Ich woll-te doch auch ge-win-nen!"**

Die Stim-mung zwi-schen den bei-den Freun-din-nen war düs-ter. Sie rie-ten an die-sem Tag nicht zu-rück zu-sam-men nach Hau-se. An-na nahm Blitz, und Lea blieb mit Luna zu-rück. Ei-ne schwe-re Stil-le lag über ih-rem Streit.

Am nächs-ten Tag kam An-na trau-rig zum Reit-hof. Sie woll-te sich ent-schul-di-gen, wuss-te aber nicht, wie sie an-fan-gen soll-te. Da sah sie Lea am Stall ste-hen, die ge-rade Luna strie-gel-te.

Mutig ging sie auf Lea zu und sag-te lei-se: **"Es tut mir leid, dass ich so wü-tend auf dich war. Du hast doch nichts falsch ge-macht."**

Lea blick-te auf und lächel-te schwach. **"Ich hät-te dich nicht ein-fach so über-ho-len sol-len, wäh-rend Blitz ge-strau-chelt ist. Ich woll-te nicht, dass un-se-re Freund-schaft we-gen ei-nem Ren-nen zer-bricht."**

An-na seufz-te er-leich-tert. **"Es war doch nur ein Ren-nen",** sag-te sie lä-chelnd. **"Un-se-re Freund-schaft ist viel wich-ti-ger."**

Von die-sem Tag an mach-ten An-na und Lea al-les wie-der zu-sam-men. Sie wuss-ten, dass ech-te Freund-schaft wich-ti-ger ist als je-der Wett-be-werb. Blitz und Luna schrit-ten fröh-lich ne-ben-ein-an-der her, als wüss-ten auch sie, dass al-les wie-der gut war.

Und An-na und Lea wuss-ten jetzt:
**Kein Streit kann das Glück ei-ner wah-
ren Freund-schaft trü-ben.**

En-de

Die mutige kleine Stute

Ein aufregender Tag im Pferdestall

Die klei-ne **Stute** **Feli** war für ih-re Grö-ße be-kannt, aber auch für ih-ren gro-ßen Mut. Sie leb-te auf ei-nem fröh-li-chen Hof mit vie-len an-de-ren Pfer-den, doch sie war die jüngs-te und kleins-te von al-len. Manch-mal fühl-te sie sich et-was ver-schüch-tert ne-ben den gro-ßen Hengs-ten und statt-li-chen Stu-ten. Doch tief in ih-rem Her-zen wuss-te sie, dass sie mehr konn-te, als es von au-ßen den An-schein hat-te.

Ei-nes Mor-gens be-gann der Tag ganz nor-mal. Der Stall war vol-ler Le-ben, und die Pfer-de wur-den ge-füt-tert und ge-strie-gelt. Doch da hör-te Feli plötz-lich ein un-ge-wöhn-li-ches Ge-räusch. **"Knack... knir-sch..."** kam es aus der Rich-tung der Scheu-ne.

"Was war das?", dach-te Feli neu-gie-rig. Sie hob ih-ren Kopf und blick-te hin-über zur Scheu-ne, wäh-rend die an-de-ren Pfer-de wei-ter frie-den-lich fra-ßen.

Mutig ging Feli auf die Scheu-ne zu. Sie war klei-ner als die an-de-ren, aber in ih-rem Her-zen fühl-te sie sich groß. Vor der Scheu-ne hielt sie an und spä-hte durch die of-fe-ne Tür. Da ent-deck-te sie et-was: Ei-ne klei-ne Kat-ze hat-te sich ver-lau-fen und ver-such-te, aus ei-nem Stap-el Stroh-bün-del zu ent-kom-men.

"Oh je, die Kat-ze sitzt fest!", dach-te Feli. Sie wuss-te, dass sie hel-fen muss-te, auch wenn sie selbst et-was Angst vor den ho-hen Stroh-bün-deln hat-te.

Sie nahm al-len Mut zu-sam-men und ging lang-sam hin-über zu der Kat-ze. Mit ih-rer Schnau-ze schob sie das Stroh bei-sei-te, bis die klei-ne Kat-ze frei war.

Dank-bar schnurr-te die Kat-ze und schlüpf-te un-ter Fe-lis Bein-e, um sich zu wär-men.

Feli fühl-te sich stolz. **"Das war nicht so schwer!"**, dach-te sie lä-chelnd. Doch da hör-te sie plötz-lich ein an-de-res, viel lau-te-res Ge-räusch: **"Wumm!**" Ei-ne Wind-bö-e hat-te die Stall-tür zu-ge-schla-gen. Nun war die Tür ver-schlos-sen, und keins der Pfer-de konn-te hin-aus.

Im Stall wur-de es un-ru-hig. Die gro-ßen Pfer-de be-gann-en zu schar-ren und zu wie-hern, als sie merk-ten, dass sie ein-ge-sperrt wa-ren. Fe-lis Herz schlug schnell, doch sie wuss-te: **"Je-mand muss et-was tun!"**

Mutig ging sie zur Tür und stieß mit ih-rer Schnau-ze da-ge-gen. Die Tür war schwer, aber Feli gab nicht auf. Sie stieß und schob, bis sie es end-lich schaff-te,

die Tür ein klei-nes Stück zu öff-nen. Mit
ei-nem letz-ten Kräf-te-sam-meln
drück-te sie die Tür weit ge-nug auf,
dass al-le Pfer-de hin-aus-kon-nten.

Die an-de-ren Pfer-de rit-ten schnell hin-
aus auf die Wei-de und blick-ten Feli mit
gro-ßen Au-gen an. Der statt-li-che
Hengst **Brax** trat zu ihr und sag-te
be-ein-druckt: **"Du bist wirk-lich
mutig, Feli! Wir wä-ren oh-ne dich ge-
fan-gen ge-blie-ben."**

Feli lä-chel-te. **"Ich wuss-te, dass ich es
schaf-fen kann",** sag-te sie stolz. **"Es
ist nicht wich-tig, wie groß man ist, son-
dern wie viel Mut man hat."**

An die-sem Tag lern-ten al-le Pfer-de auf
dem Hof, dass es nicht auf die Grö-ße an-
kommt, son-dern auf den Mut im Her-
zen. Feli war viel-leicht die kleins-te,
aber sie hat-te das größ-te Herz von al-
len.

Und so en-de-te ein auf-re-gen-der Tag
im Pfer-de-stall, an dem Feli be-wies,
dass sie ein rich-ti-ger Held sein kann,
auch wenn sie klei-ner ist als die an-de-
ren.

En-de

Die Geburtstagsparty im Pferdestall

Ein besonderes Fest für alle Freunde

Der Tag war da – **Luna**, die strah-lend wei-ße Stu-te von **Lea**, hat-te Ge-burts-tag! Im gan-zen Pfer-de-stall herrsch-te Auf-re-gung, denn es soll-te ei-ne ganz be-son-de-re **Ge-burts-tags-par-ty** ge-ben. Lea hat-te al-le Pfer-de und Kin-der ein-ge-la-den, um die bes-te Fei-er zu ver-an-stal-ten, die der Hof je ge-se-hen hat-te.

Schon am Mor-gen de-ko-rier-te Lea den Stall mit bun-ten Gir-lan-den und Blu-men. Über-all wa-ren klei-ne Bal-lons, und auf Lu-nas Box hing ei-nen gro-ßes Schild: **"Herz-li-chen Glück-wunsch, Luna!"**

Die ers-ten Gäs-te ka-men früh an: **An-na** und ihr Pferd **Blitz**, **Tom** mit sei-nem treu-en **Bra-vo**, und na-tür-lich die klei-ne **Feli**, die zu-sam-men mit ih-rer Be-sit-ze-rin **Mi-la** lach-end in den Stall ge-trabt kam.

Die Kin-der und Pfer-de wa-ren al-le vol-ler Vor-freu-de. An-na brach-te ei-ne selbst ge-mach-te Pfer-de-tor-te mit Ha-fer-floc-ken und Möh-ren für Luna mit. **"Das wird sie lie-ben!"**, sag-te An-na stolz, als sie die Tor-te in Lu-nas Stall stell-te.

Der Tag be-gann mit lusti-gen Spie-len. Sie bau-ten ei-nen klei-nen **Par-cours** auf, bei dem die Pfer-de über Hin-der-nis-se sprin-gen muss-ten. Blitz und Bravo wa-ren die schnells-ten, doch Luna zeig-te, dass sie trotz ih-rer Ru-he ge-schickt war. Sogar die klei-ne Feli nahm mutig an al-len Spie-len teil und sprang über je-de Hür-de.

Als nächs-tes stand ein **Reit-wett-be-werb** an. Jedes Pferd lief stolz sei-ne Run-den, und die Kin-der feu-er-ten sich ge-gen-sei-tig an. Doch an die-sem Tag ging es nicht dar-um, zu ge-win-nen – al-le lach-ten und freu-ten sich ein-fach nur, zu-sam-men zu sein.

Nach den Spie-len setz-ten sich al-le im Stall zu-sam-men. **"Jetzt ist es Zeit für das Ge-schenk!"**, rief Lea fröh-lich. Sie öff-ne-te ei-ne gro-ße Kis-te und zog ei-ne wun-der-schö-ne, bunt ge-stick-te **Pfer-de-de-cke** für Luna her-aus.

Luna blin-zel-te neu-gie-rig und schnup-per-te an der De-cke, wäh-rend die Kin-der klatsch-ten. **"Sie wird wun-der-schön da-rin aus-se-hen!"**, sag-te Mi-la mit ei-nem Lächeln.

Nach-dem al-le Ge-schen-ke aus-ge-packt wa-ren, stell-te An-na die Tor-te vor Lu-na hin. Mit ei-nem fröh-li-chen

Wie-hern be-gann Luna, ge-nüss-lich da-
von zu fres-sen, und al-le Pfer-de durf-
ten ei-ne klei-ne Por-ti-on mit-naschen.
Es war ei-ne rich-tig-e **Ge-burts-tags-
tor-te für Pfer-de**, und sie schmeck-te
ih-nen herr-lich!

Als der Tag sich dem En-de neig-te, setz-
ten sich die Kin-der auf die Wei-de, wäh-
rend die Pfer-de fried-lich gras-ten.

Das war der bes-te Ge-burts-tag!",** sag-
te Lea glück-lich. **"Ich glau-be, Luna
hat sich rich-tig ge-freut."**

"Auf je-den Fall", stimm-te An-na zu.
**"Und wir ha-ben al-le ge-mein-sam ge-
fei-ert. So macht es am meis-ten
Spaß."**

Die Son-ne ging lang-sam un-ter, und die
Kin-der wuss-ten, dass die-ser Tag be-
son-ders war. Nicht nur, weil sie Lu-nas
Ge-burts-tag ge-fei-ert hat-ten, son-
dern weil sie das Glück ge-teilt hat-ten
– als Freun-de, zu-sam-men mit ih-ren
Pfer-den.

Als die Nacht kam, lag Lu-na zu-frie-den
in ih-rer frisch ge-schmück-ten Box. Lea
flüs-ter-te ihr noch ein-mal lei-se zu:

Schlaf gut, mei-ne lie-be Luna. Du hast
dir die Fei-er ver-dient.

Und so ging ei-ne wun-der-schö-ne Ge-
burts-tags-par-ty zu En-de, mit viel
Lächeln, Freund-schaft und dem Be-
wusst-sein, dass das Glück da-rin liegt,
es mit je-man-dem zu tei-len.

En-de

Abschied und Wiedersehen

_Eine Geschichte über Veränderung und
Zusammenhalt_

Auf dem klei-nen **Pfer-de-hof** war es
sonst im-mer fröh-lich und laut. Die Kin-
der lachten, die Pfer-de wie-her-ten, und
al-le fühl-ten sich wie ei-ne gro-ße Fa-
mi-lie. Doch an die-sem Tag lag et-was
Schwer-es in der Luft. **Lea** stand mit
Trä-nen in den Au-gen am Tor des Ho-fes
und hielt den Strick von ih-rer gelieb-ten
Stu-te Luna fest in der Hand.

Lea und ih-re Fa-mi-lie muss-ten um-
zie-hen, weit weg in ei-ne an-de-re
Stadt. Es war Zeit, **Ab-schied** von
dem Hof, den Pfer-den und ih-ren Freun-
den zu neh-men. Luna wür-de auf ei-
nem neu-en Hof le-ben, und An-na, Mi-la
und Tom wür-den sie nicht mehr je-den
Tag se-hen.

"Ich wer-de euch al-le so ver-mis-sen", sag-te Lea lei-se, wäh-rend sie Luna sanft durch die Mäh-ne strich. An-na, die mit ih-rem schwar-zen Pferd Blitz da-stand, war selbst trau-rig, ver-such-te aber tap-fer zu lä-cheln.

"Wir wer-den im-mer Freun-de blei-ben, auch wenn wir nicht je-den Tag zu-sam-men sind", sag-te sie be-stimmt.

Die Pfer-de spür-ten die be-son-de-re Stim-mung. Blitz schar-te mit den Huf-en, als ob er wuss-te, dass et-was Wich-ti-ges pas-sier-te. Und Luna, die sonst im-mer so ru-hig war, drück-te ih-re wei-ße Schnau-ze fest ge-gen Le-as Schul-ter, als ob sie sa-gen woll-te: **"Es wird al-les gut."**

Tom ver-such-te, die Stim-mung zu lo-ckern. **"Ich bin mir si-cher, dass Luna ih-ren neu-en Stall lie-ben wird",** sag-te er. **"Und wir kön-nen doch Brie-fe schrei-ben oder vi-de-o-te-le-fonie-ren!"**

Lea nick-te und lächel-te leicht, auch wenn ih-re Au-gen noch vol-ler Trä-nen wa-ren. **"Ja, das kön-nen wir",** sag-te sie. **"Aber es wird nicht das-sel-be sein."**

Als der Mo-ment des Ab-schieds kam, wur-de es ganz still. Lea nahm noch ein letz-tes Mal Lu-nas Zü-gel und führ-te sie zum Pfer-de-an-hän-ger. **"Ich ver-spre-che, wir wer-den uns wie-der-se-hen",** flüs-ter-te sie ih-rem Pferd zu. Und dann, mit ei-nem schwe-ren Herz-en, fuhr der An-hän-ger lang-sam vom Hof.

An-na, Tom und Mi-la stan-den zu-sam-men da und sah-en zu, wie ih-re Freun-din und Luna im-mer klei-ner wur-den, bis sie schließ-lich ganz ver-schwun-den wa-ren. Kei-ner sag-te et-was. Sie wuss-ten, dass sie et-was Be-son-de-res ver-lor-en hat-ten – aber auch, dass ih-re Freund-schaft stark ge-nug war, um die-se Ver-än-de-rung zu über-ste-hen.

Wo-chen ver-gin-gen, und der Pfer-de-
hof fühl-te sich leer an oh-ne Lea und
Luna. Doch dann, ei-nes Ta-ges, er-hiel-
ten sie ei-nen Brief. Er kam von Lea und
war vol-ler freu-di-ger Nach-rich-ten.
"Luna liebt ihr neu-es Zu-hau-se",
schrieb sie. **"Und ich ha-be auch neue
Freun-de ge-fun-den, aber kei-ner kann
euch er-set-zen!"**

An-na, Tom und Mi-la freu-ten sich, dass
es Lea und Luna gut ging, doch das Bes-
te kam erst: **"Ich wer-de euch bald be-
su-chen!"**, stand am En-de des Brie-fes.

Der Tag des Wie-der-se-hens kam schnel-
ler, als sie ge-dacht hat-ten. Lea fuhr
mit ih-ren El-tern und Luna zu-rück zum
Hof, und als der An-hän-ger an-roll-te,
stürm-ten al-le Kin-der und Pfer-de
freu-dig ent-ge-gen.

"Lea, du bist wie-der da!", rief An-na, und al-le fiel-en sich in die Ar-me. Sogar Blitz und Luna be-grüß-ten sich mit ei-nem freund-lichen Wie-hern, als ob sie nie von-ein-an-der ge-trennt ge-wor-den wä-ren.

An die-sem Tag lern-ten sie al-le, dass Ver-än-de-rung zwar schwer sein kann, aber wah-re Freund-schaft al-les über-dau-ert.

"Es ist egal, wie weit wir aus-ein-an-der sind", sag-te Lea. **"So lan-ge wir uns im Her-zen tra-gen, wer-den wir im-mer zu-sam-men sein."**

Und so en-de-te ei-ne Ge-schich-te vol-ler Ab-schied und Wie-der-se-hen, vol-ler Trä-nen und Lächeln – und mit der Ge-wiss-heit, dass Zu-sam-men-halt al-les über-win-det.

En-de

Lesespaß mit Silben

Tipps für Eltern zum gemeinsamen Lesen und Fördern

Das **Le-sen-ler-nen** ist für Kin-der ein gro-ßer Schritt und kann durch ge-mein-sa-me Le-se-mo-men-te mit viel **Freu-de** und **Un-ter-stüt-zung** ge-stärkt wer-den. Sil-ben spie-len da-bei ei-ne wich-ti-ge Rol-le, da sie Kin-dern hel-fen, Wör-ter schritt-wei-se zu er-ken-nen und zu ver-ste-hen. Hier sind ei-ni-ge Tipps, wie Sie Ihr Kind mit **Spaß** und **Ge-duld** da-bei un-ter-stüt-zen kön-nen:

1. **Mit Silben beginnen**

Be-gin-nen Sie, in-dem Sie **ein-fache Wör-ter** in Sil-ben zer-tei-len. Zei-gen Sie Ih-rem Kind, wie es Wör-ter lang-sam in Sil-ben auf-tei-len kann, wie zum Bei-spiel:

- "Pfer-de" = **Pfer** – **de**

- "Le-sen" = **Le** – **sen**

Be-to-nen Sie je-de Sil-be deut-lich, um das Rhyth-mus-ge-fühl zu stär-ken.

2. **Silben klatschen**

Spie-len Sie das "Sil-ben-klat-schen"-Spiel! Sa-gen Sie ein Wort und klat-schen Sie je-de Sil-be zu-sam-men. Bei-spiel:

- "Pfer-de" – zwei Klat-scher.

Das hilft Ih-rem Kind, das Wort hör-bar zu un-ter-tei-len und die Struk-tur zu ver-ste-hen.

3. **Langsam und mit Geduld lesen**

Las-sen Sie Ihr Kind die Ge-schich-ten lang-sam le-sen und er-mut-i-gen Sie es, je-des Wort Sil-be für Sil-be zu er-fas-sen. Es ist wich-tig, dass Ihr Kind nicht über-for-dert wird. **Ge-duld** ist hier der Schlüs-sel.

4. **Spaß und Lob im Vordergrund**

Schaf-fen Sie ei-ne **po-si-ti-ve** und **freu-di-ge** Um-ge-bung. Loben Sie je-den klei-nen Er-folg! Ein be-geis-ter-tes "Das hast du toll ge-macht!" mo-ti-viert und gibt Ih-rem Kind Selbst-ver-trau-en.

5. **Wiederholung macht den Meister**

Wie-der-ho-len Sie Wör-ter, die für Ihr Kind schwie-rig sind. Es ist wich-tig, dass Ihr Kind Ge-dul-dig-keit beim Le-sen lernt. Je mehr es die Sil-ben er-kennt, des-to leich-ter wird es ihm fal-len, neue Wör-ter zu le-sen.

6. **Bilder einbinden**

Ver-bin-den Sie das Le-sen mit Bil-dern. Fra-gen Sie Ihr Kind, was es auf den Bil-dern sieht und er-mut-i-gen Sie es, Wör-ter zu fin-den, die zu den Bil-dern pas-sen. Dies stärkt die Wort-bil-dung und das Ver-ständ-nis für Zu-sam-men-hän-ge.

7. **Gemeinsam lesen**

Le-sen Sie zu-sam-men! Wech-seln Sie sich ab: Sie le-sen ei-ne Sei-te, dann Ihr Kind. So fühlt sich Ihr Kind un-ter-stützt, und Sie ha-ben die Mög-lich-keit, ei-ne Vor-le-se-rol-le zu über-neh-men, wäh-rend Ihr Kind lernt.

8. **Fragen stellen**

Nach-dem Sie ei-ne Ge-schich-te ge-le-sen ha-ben, stel-len Sie Fra-gen. **"Was hat An-na in der Ge-schich-te ge-macht?"** oder **"Wie hat sich das Pferd ge-fühlt?"** Da-durch wird das Lese-ver-ständ-nis ge-för-dert, und Ihr Kind lernt, sich mit den Fi-gu-ren zu iden-ti-fi-zie-ren.

Mit die-sen Tipps kön-nen Sie Ihr Kind lie-be-voll und ef-fek-tiv auf sei-nem Weg zum Le-sen be-glei-ten. Ge-mein-sa-me Le-se-stun-den sind nicht nur ein wich-ti-ger Teil des Ler-nens, son-dern auch ei-ne wun-der-schö-ne Mög-lich-

keit, qua-li-ta-tiv hoch-wert-ige Zeit
mit Ih-rem Kind zu ver-brin-gen.

Der Weg zum Le-sen ist ein span-nen-
des Aben-teu-er – und ge-mein-sam
macht es noch viel mehr Spaß!

Viel Er-folg und Freu-de am Le-sen!

tredition

Druck und Distribution im Auftrag der Autorin:
tredition GmbH, Heinz-Beusen-Stieg 5, 22926
Ahrensburg, Deutschland

Zeitfracht Medien GmbH
Ferdinand-Jühlke-Straße 7
99095 Erfurt, Deutschland
produktsicherheit@kolibri360.de